IQ-Training für Kinder 2021

Altersklasse: 8 – 12 Jahre

abwechslungsreich – spannend - effektiv

Aribert Böhme
Psychologische Beratung & Lerncoaching

Impressum

Alle Rechte liegen beim Autor
Düsseldorf, im Herbst 2020
E-Mail: Psychologische_Beratung_Boehme@gmx.de
Herstellung und Verlag: BoD - Books on Demand, Norderstedt
ISBN: 9783752627466

Bibliografische Information der Deutschen Nationalbibliothek

Die Deutsche Nationalbibliothek verzeichnet diese Publikation in der
Deutschen Nationalbibliografie; detaillierte bibliografische Daten sind im
Internet über http://dnb.d-nb.de abrufbar.

Danksagung

Das schöne und zugleich kreative Bild für das Buchcover wurde gestaltet von der
12-jährigen Schülerin, Hannah-Lea Bonk.

Herzlichen Dank, liebe Hannah-Lea, für dieses schöne Bild, das Du für diese neue
Ausgabe der Buchreihe „IQ-Training für Kinder" gestaltet hast.

Vorwort

Liebe Kinder,

herzlich willkommen hier im Lernland für schlaue Kinder.

Schön, dass du dieses Buch in deinen Händen hältst.

Damit hast du eine kluge Entscheidung getroffen.

Dieses Trainingsbuch kann und wird dir dabei helfen viele Fähigkeiten zu trainieren, die du auch in der Schule immer wieder benötigst.

Hier in diesem IQ-Trainingsbuch findest du viele Übungen zu folgenden Themen:

- *Logik*
- *Sprache*
- *Rechnen*
- *Gedächtnistraining*

Vermutlich fragst du dich schon, was wohl diese merkwürdige Abkürzung „IQ" bedeuten mag...?!

Hinter dieser Abkürzung verbirgt sich der Begriff „Intelligenzquotient".

Wenn du nun denkst, dass du genauso schlau bist wie zuvor, dann hast du recht. Warum?

Nun, unter dem Begriff „Intelligenz" kannst du dir vielleicht etwas Konkretes vorstellen. In der Alltagssprache benutzen Menschen dann oftmals solche Formulierungen wie z. B.:

Dieses Kind ist sehr schlau.
Dieses Kind ist sehr klug.
Dieses Kind ist sehr clever.

Bestimmt kennst du noch weitere Formulierungen, die alle miteinander zum Ausdruck bringen möchten, dass du über Fähigkeiten verfügst, die es dir ermöglichen, schwierige Situationen bzw. schwierige Aufgaben ohne fremde Hilfe selbstständig korrekt lösen zu können.

Den Begriff „Quotient" kennst du vermutlich schon aus dem Mathematik-Unterricht in der Schule?

Zur Erinnerung: Damit ist das Ergebnis einer Divisionsaufgabe gemeint, wie z. B.: 3600 : 60 = 60.

Der Begriff „Intelligenzquotient" (kurz: IQ) stellt – einfach gesagt – einen Zusammenhang her zwischen dem Lebensalter eines Menschen, und dessen Fähigkeit, Aufgaben selbstständig korrekt lösen zu können.

Was ist damit gemeint?

Hier ein konkretes Beispiel, das dir das Verständnis erleichtern wird:

Angenommen, ein acht Jahre altes Kind löst eine schwierige Aufgabe, die zumeist erst von einem zehnjährigen Kind korrekt gelöst werden kann, dann bedeutet das, dass das acht Jahre alte Kind diesbezüglich eine überdurchschnittliche Intelligenz besitzt, da es schon eine Aufgabe hat lösen können, die eigentlich erst für ältere Kinder (hier: Zehnjährige) entwickelt wurde.

Umgekehrt gilt: Angenommen, ein zehnjähriges Kind wäre nicht dazu in der Lage, eine Aufgabe korrekt zu lösen, die zumeist schon von achtjährigen Kindern richtig gelöst werden könnte, dann bedeutete das, dass dieses zehnjährige Kind über eine unterdurchschnittliche Intelligenz verfügt.

Ganz wichtig ist jedoch zu wissen, dass kein einziger Intelligenztest etwas über deinen Wert als Mensch aussagt.

Du bist – so oder so – ein wertvolles Kind, das über vielfältigste Fähigkeiten verfügt, die sich mit keinem Intelligenztest sinnvoll messen lassen.

Jedes Kind und auch jeder Erwachsene ist von Natur aus unterschiedlich.

Niemand, auch du, wurde vor der Geburt gefragt, ob sie oder er beispielsweise besonders gut rechnen kann, oder ob du vielleicht besondere Sprachfähigkeiten besitzt, oder ob ein Mensch künstlerisch begabt sein möchte?

Deshalb ist es sehr wichtig, dass du dich zwar darüber freuen darfst, wenn du beispielsweise besonders gut rechnen kannst, oder dass du vielleicht über gute Sprachfähigkeiten verfügst. Jedoch solltest du nicht den Fehler begehen, dich deshalb als besser oder wertvoller zu fühlen, als ein anderes Kind, das vielleicht in bestimmten Teilbereichen weniger gute Leistungen zeigt.

Klüger und besser ist es, wenn du daran denkst, dass eine gute Intelligenz vorwiegend nicht dein eigener Verdienst ist, sondern vielmehr ein Geschenk, das dir die Natur mit auf deinen Weg gegeben hat.

Von daher solltest du dankbar dafür sein, dass du von anderen Menschen als klug oder clever eingeschätzt wirst.

In diesem IQ-Trainingsbuch geht es also <u>nicht</u> darum einen Wettbewerb zwischen dir und anderen Kindern zu starten, mit dem Ziel, dass sich intelligentere Kinder womöglich anderen Kinder gegenüber überheblich verhalten, weil sie vielleicht bessere Testergebnisse erzielt haben.

Vielmehr wird dir dieses IQ-Trainingsbuch die Chance geben, viele Aufgaben frei und ungezwungen trainieren zu können, die dir auch in der Schule im weiteren Verlauf sehr nützlich werden könnten.

Bitte vergiss nicht:

Du lernst weder für deine Eltern, noch für deine LehrerIn oder für andere Menschen.

Du lernst einzig und allein für dich!

Du musst niemandem beweisen, dass du womöglich in bestimmten Schulfächern besser bist, als andere Kinder.

Wichtig ist vor allem, dass du mit Freude lernst.
Wichtig ist, dass du vor allem deswegen lernst, weil dich viele Themen wirklich interessieren.

Unsere gesamte Welt könnte sehr viel freundlicher und friedlicher sein, wenn die Menschen begreifen würden, dass es für uns alle sehr viel besser ist, wenn jeder Mensch genau die positiven Fähigkeiten zur Entfaltung bringen könnte, die ihm die Natur geschenkt hat.

Vielleicht bist du auch traurig darüber, dass schon in der Schule Kinder dazu angeleitet werden, Leistungsvergleiche zwischen sich und anderen Kindern anzustellen, mit dem Ergebnis, dass dann vor allem genau solche Kinder traurig sind, denen die Natur eben leider keine hohe Intelligenz geschenkt hat.

Als kluges Kind, das du vermutlich bist, wirst du verstehen, dass ein wirklich kluges Kind sich zwar über eigene, gute Leistungen freuen wird, es sich jedoch nicht über womöglich schwächere Leistungen anderer Kinder lustig machen wird. Das ist nicht nur unfair, sondern vor allem auch sehr dumm!

Also: Sei ein kluges Kind, und nutze dieses IQ-Trainingsbuch in dem Sinne, dass du deine eigenen Fähigkeiten verbessern möchtest, um somit auch in der Schule gute Chancen zu haben. Hüte dich bitte davor, andere Kinder zu beleidigen oder zu hänseln, falls diese teils schlechtere Testergebnisse erzielen, sondern freue dich vielmehr über deine eigenen, guten Ergebnisse, und nutze deine Intelligenz auch dazu, anderen Kindern zu helfen, denen die Natur leider eine etwas schwächere Intelligenz geschenkt hat.

Wie kannst du nun mit diesem IQ-Trainingsbuch sinnvoll arbeiten?

Zunächst einmal ist es wichtig, dass du diesen IQ-Test nur in einem ausgeruhten und entspannten Zustand durchführst. Falls du z. B. Stress in der Schule hast, Ärger mit deinen Eltern oder MitschülerInnen, falls du dich nicht gut fühlst usw., solltest du bitte auf jeden Fall eher einen Zeitraum wählen, der für dich besser geeignet erscheint.

Während du den IQ-Test durchführst, musst du bitte unbedingt darauf achten, dass du durch nichts und niemand gestört wirst. So wäre es beispielsweise sehr schlecht, wenn Geschwister oder Freunde dich während des Tests in deiner Konzentration störten. Ebenso solltest du bitte unbedingt darauf verzichten Musik zu hören oder Fernsehen zu schauen. Auch dein Smartphone solltest du während der Testzeit unbedingt komplett entfernen. Jede unnötige Störung schwächt deine Konzentration. Und genau dies ist bei der Durchführung dieses IQ-Tests sehr wichtig und unverzichtbar!

Je nach deiner persönlichen Arbeitsgeschwindigkeit wirst du für die vollständige Durchführung dieses IQ-Tests etwa vier bis fünf Stunden benötigen. Selbstverständlich darfst du dieses Trainingsbuch auch in kleineren Zeiteinheiten bearbeiten. Achte aber bitte darauf, dass keiner der Zeitabschnitte weniger als eine Stunde beträgt.

Falls du bei der einen oder anderen Aufgabe merkst, dass du absolut nicht weiterkommst, dann bearbeite einfach die jeweils nächste Aufgabe, damit du keine unnötige Zeit verlierst.

Sehr hilfreich wird es sein, wenn du deine Eltern darum bittest, dich bei der Durchführung dieses IQ-Trainingsbuchs zu unterstützen, indem deine Eltern darauf achten, dass die vorgegebenen Bearbeitungszeiten konsequent eingehalten werden. Ganz besonders wichtig ist, dass dir deine Eltern ansonsten keine Hilfen (z. B. Tipps zur Lösung) geben, denn das verfälscht natürlich das Testergebnis!

Welche Arbeitsmaterialien brauchst du zur Durchführung dieses IQ-Tests?

Außer einem Stift (Kugelschreiber, Füller oder Bleistift) darfst du ausschließlich deinen eigenen Kopf benutzen. In seltenen Fällen ist es bei einigen Aufgaben gestattet, dass du auch einen Schreibblock verwendest. Sollte das der Fall sein, wird in der betreffenden Testaufgabe ausdrücklich noch darauf hingewiesen.

Alle sonstigen Hilfsmittel, wie beispielsweise: Taschenrechner, Bücher, Schreibpapier, unterstützende Eltern oder ältere Geschwister usw. sind ausdrücklich verboten!

So, und nun kann's richtig losgehen...

Ich wünsche dir ganz viel Freude bei deiner Arbeit mit diesem IQ-Trainingsbuch sowie ein gutes und erfreuliches Testergebnis!

Und nochmals:

Bitte vergiss nicht: Wie immer auch dein Testergebnis ausfallen wird...

Du bist ein wertvolles und liebenswertes Kind.

Falls dein Testergebnis erfreulich ausfällt, darfst du dich voller Dankbarkeit darüber freuen.

Falls dein Testergebnis womöglich weniger gut ausfallen sollte, bedeutet das nicht, dass du kein wertvolles Kind bist, sondern lediglich, dass du deine Fähigkeiten in dem einen oder anderen Bereich in Zukunft noch deutlich verbessern kannst. Du schaffst das!

Wichtige Hinweise für deine Eltern

Liebe Eltern,

schön, dass Ihr Kind dieses IQ-Trainingsbuch bearbeiten möchte.

Das ist eine gute und lobenswerte Entscheidung!

Bitte bedenken Sie jedoch, dass es <u>nicht</u> Sinn und Zweck dieses IQ-Trainingsbuchs ist, Kinder dazu aufzufordern, sich in einen wechselseitigen Konkurrenzkampf um das womöglich beste Testergebnis zu begeben.

Das wäre kontraproduktiv, und ist hier ganz ausdrücklich <u>nicht</u> gewollt!

Vielmehr möchte dieses IQ-Trainingsbuch Ihrem Kind die Chance geben, vielfältige und typische Testaufgaben zu bearbeiten, wie sie im Rahmen diverser IQ-Tests in unterschiedlichen Situationen zum Einsatz kommen.

Primär geht es hier weniger darum möglichst viele Punkte zu sammeln, sondern vielmehr darum, auf eine ungezwungene und entspannte Art und Weise möglichst viele Testaufgaben bearbeiten zu können, um somit frühzeitig ein sicheres Gespür für zu erwartende Anforderungen entwickeln zu können.

Insofern sollten Sie bzw. Ihr Kind die ermittelten Testwerte allenfalls als eine grobe Orientierungshilfe verstehen; nicht jedoch als ein „in Stein gemeißeltes Ergebnis". Bitte bedenken Sie, dass es sich hierbei lediglich um eine Momentaufnahme handelt, die aus verständlichen Gründen von diversen Faktoren beeinflusst wird, auf die weder Sie, noch Ihr Kind einen signifikanten Einfluss haben.

Es liegt in der Natur der Sache, dass in dem hier primär als Zielgruppe avisierten Altersintervall von ca. 8 – 12 Jahren teils erhebliche

Unterschiede in den jeweils erreichten Entwicklungsstufen bestehen.

So werden beispielsweise die durchschnittlich zu erwartenden IQ-Werte zwischen achtjährigen und zwölfjährigen Kindern erheblich deutlicher voneinander abweichen, als dies in einem höheren Lebensalter bei Erwachsenen der Fall sein wird.

Von daher wird es so sein, dass manche der hier zu bearbeitenden Testaufgaben vor allem für jüngere Kinder relativ schwieriger zu lösen sein werden, da u. a. auch rein wissensmäßige Aspekte (z. B. Kenntnisse der Namen von bekannten Personen der Zeitgeschichte, geographische Kenntnisse usw.) mit in manche Aufgaben einfließen.

Dies sollten Sie bzw. Ihr Kind jedoch <u>nicht</u> als Benachteiligung wahrnehmen, <u>sondern</u> vielmehr als eine Chance – sozusagen „nebenbei" auch noch den eigenen Wissenspool ein wenig mit neuem Wissen auffüllen zu können.

Falls also Ihr Kind bei der einen oder anderen Aufgabe aus verständlichen Gründen sichtlich überfordert sein sollte, leiten Sie es bitte dazu an, in solchen Fällen einfach zur jeweils nächsten Aufgabe überzugehen.

Fundamental entscheidend wird sein, dass Ihr Kind dieses IQ-Trainingsbuch nicht als eine „zusätzliche Belastung" erlebt, sondern vielmehr als eine Möglichkeit, frei und ohne Druck vielfältigste Aufgaben trainieren zu können.

In diesem Sinne wünsche ich Ihrem Kind ein gutes Gelingen sowie viel Freude und spannende Stunden bei der Beschäftigung mit diesem IQ-Trainingsbuch.

Der Autor:

Aribert Böhme, Freiberufler seit 1988, bietet Dienstleistungen in folgenden Bereichen:

- Psychologische Beratung (Lernpsychologie, Familienpsychologie, Lebensberatung)
- Lerncoaching (Fernlehrgänge z. B.: SGD, ILS in den Fachbereichen Psychologische Beratung, Psychotherapie für Heilpraktiker usw.)
- Implementierung von Texten für Sachbücher in den Bereichen: Lernpsychologie, Psychologie, Pädagogik, EDV, Gesellschaft, Lebensweisheiten
- Coaching für Seniorinnen & Senioren (z. B. Gedächtnistraining)

Im Rahmen seiner freiberuflichen Dozententätigkeit hat der Autor bis dato (2020) ca. 9000 TeilnehmerInnen im Fachbereich EDV bei diversen, namhaften Instituten unterrichtet.

In seiner Funktion als Psychologischer Berater (SGD-Dipl.) bietet der Autor regelmäßig Klientensitzungen vor Ort für hilfesuchende Menschen in den Bereichen: Lebensberatung, Konfliktberatung, Familienpsychologie, Schulpsychologie sowie Lernpsychologie, an.

Bis dato (2020) hat der Autor 28 Titel im thematischen Umfeld von EDV, Lernpsychologie, Pädagogik, Gesellschaftskritik, Lebensweisheiten sowie drei Romane unter Pseudonym publiziert (inkl. einiger Auslandslizenzen für Frankreich, Polen und Russland). Zudem erfolgten Veröffentlichungen in namhaften Tageszeitungen (FAZ, Süddeutsche Zeitung, Rheinische Post usw.).

Seminare und Vorträge zu den Themen Motivationscoaching, Lernpsychologie, Lerntechniken, bietet der Autor sowohl als Firmenschulungen, wie auch als Privatseminare vor Ort an. Anfragen bitte grundsätzlich per E-Mail an:

Psychologische_Beratung_Boehme@gmx.de

Im Rahmen der Implementierung des vom Autor entwickelten NEURONET 2.0 im Umfeld der Neuroinformatik, mit dessen Hilfe Prognosen für Sportwetten erstellt werden können, erfolgte in den Jahren 2001 und 2002 eine ehrenvolle Aufnahme in die Who-is-Who-Lexika, Deutschland & Europa.

Düsseldorf, im Herbst 2020

Hauptgruppen für die IQ-Testaufgaben

A)   Sprachliche Intelligenz: Welches Wort passt nicht?

B)   Sprachliche Intelligenz: Gleiche Wortbedeutung?

C)   Sprachliche Intelligenz: Buchstabensalat

D)   Sprachliche Intelligenz: Buchstabengruppen

E)   Sprachliche Intelligenz: Buchstabenreihen

F)   Logisches Denken: Analogien

G)   Logisches Denken: Schlussfolgerungen

H)   Logisches Denken: Zahlenreihen ergänzen

I)   Logisches Denken: Zahlmatrizen

J)   Logisches Denken: Wochentage

K)   Logisches Denken: Unmögliches erkennen

L)   Logisches Denken: Meinung oder Tatsache?

M)   Mathematische Fähigkeiten: Kopfrechnen

N)   Mathematische Fähigkeiten: Rechenzeichen einsetzen

O)   Beobachtungsgabe: Welches Zeichen ist anders in einer Reihe?

P)   Merkfähigkeit: Wörter einprägen

Q)   Merkfähigkeit: Begriffe merken

R)   Merkfähigkeit: Adressen merken

S)   Merkfähigkeit: Texte einprägen, anschließend Fragen beantworten

T)   Interpretation von Statistiken

U)   Oberbegriffe finden

V)   Passende Begriffe finden

W)   Schnell Wörter finden

X)   Sinnlose Silben

Y)   Merkfähigkeit

Z)   Sudoku

A) Sprachliche Intelligenz: Welches Wort passt nicht?

In dieser Rubrik geht es darum herauszufinden, welches der jeweils vier Wörter inhaltlich nicht zu jeweils drei anderen Wörtern passt?

Beispiel: Schülerin – Rektorin – Bibliothekar – Lehrer

Hier passt der Begriff „Bibliothekar" nicht. Begründung: Alle anderen genannten Berufe haben etwas mit dem Thema „Schule" zu tun. Die Berufsbezeichnung „Bibliothekar" ist hier der einzige Beruf, der nichts direkt mit dem Thema „Schule" zu tun hat.

1. Handball – Basketball – Schach – Fußball
2. Düsseldorf – Paris – Berlin – Dresden
3. Skat – Rommé – Mühle – Uno
4. Saxophon – Panflöte – Posaune – Klavier
5. Knochen – Auge – Ohr – Nase
6. Broccoli – Marzipan – Möhren – Erbsen
7. Adler – Möwe – Pferd – Amsel
8. USB-Stick – DVD – Schuhkarton – Festplatte

Bearbeitungszeit: 2 Minuten

B)   Sprachliche Intelligenz: Gleiche Wortbedeutung?

In dieser Rubrik geht es darum herauszufinden, welches der jeweils vier angebotenen Wörter inhaltlich dem jeweils vorgegebenen Begriff am ehesten entspricht?

Beispiel: Angenommen, das vorgegebene Wort lautet „aufmerksam".

Zur Auswahl stehen folgende Begriffe:
großzügig – achtsam – konzentriert – beliebt

Lösung: Der Begriff „achtsam" stimmt am ehesten mit dem Begriff „aufmerksam" überein.

Begründung: Die drei anderen Wörter beschreiben zwar ebenfalls positiv besetzte Begriffe, jedoch ist die bedeutungsmäßige Übereinstimmung am intensivsten mit dem Begriff „achtsam".

9. schnell: klug – flott – gelenkig – besser
10. freundlich: engagiert – überzeugend – maßvoll – höflich
11. stürmisch: orkanartig – kräftig – zerstörend - einstürzend
12. geizig: kleinlaut – geldgierig – zimperlich – engstirnig
13. lernen: erwerben – annehmen – pauken – festnehmen
14. waschen: säubern – abbürsten – zerkleinern – entfernen
15. gepflegt: sortiert – gesund – modisch – anständig
16. unredlich: verlogen – ungenau – unzuverlässig – zerstreut

Bearbeitungszeit: 2 Minuten

C)   Sprachliche Intelligenz: Buchstabensalat

In dieser Rubrik geht es darum herauszufinden, wie aus einem vorgegebenen „Buchstabensalat" wieder das ursprüngliche Wort gebildet werden kann?

Beispiel: R D A F H R A

Lösung: Hier lautet das gesuchte Wort „FAHRRAD".

17. F S L B T E I I T
18. N R T H S M A O P E
19. A T O C T S E O R N
20. Z T I F E R I E
21. T R N U I C R H T E
22. F H E L A T K R R
23. B G N I O B M
24. O H L F H C U S
25. N R T I T O R S E
26. I Z K N E N R N T T A O O

Bearbeitungszeit: 20 Minuten

D)   Sprachliche Intelligenz: Buchstabengruppen

In dieser Rubrik geht es darum herauszufinden, welche Buchstabengruppe nicht nach der gleichen Regel gestaltet ist, wie alle anderen?

Beispiel: Angenommen, es seien folgende Buchstabengruppen vorgegeben:

a)   ABCDE
b)   BCDEF
c)   CDEFG
d)   ZYXWV

Lösung: Hier wäre die richtige Antwort, Gruppe (d) – ZYXWV – passt nicht zu den anderen Buchstabengruppen. Begründung: Hier erfolgt die Sortierung der Buchstaben in alphabetisch absteigender Reihenfolge, wogegen alle anderen Buchstabengruppen alphabetisch aufsteigend sortiert vorliegen.

Bearbeitungszeit: 12 Minuten

Hinweis: Für diese Aufgabe darfst du ausnahmsweise auch einen Schreibblock verwenden, damit du dir als Bearbeitungshilfe das Alphabet aufschreiben kannst.

27.   ADGJM
        BEHKN
        CFILO
        DFHJL

28.   AEIOZ
        EIOUZ
        AEIOU
        AIOUW

29. KLMNO
    CDEFG
    QSUWY
    OPQRS

30. DFNJW
    HIPRV
    BGLTX
    PRTXY

E) Sprachliche Intelligenz: Buchstabenreihen

In dieser Rubrik gilt es herauszufinden, nach welchem Prinzip die jeweiligen Buchstabenreihen konstruiert sind, um dann entscheiden zu können, wie die jeweilige Buchstabenreihe logisch fortgesetzt werden müsste?

Beispiel: Angenommen, es sei folgende Buchstabenreihenfolge gegeben: a – e – i – m – q - ?

Lösung: Hier lautet die korrekte Fortsetzung: „u".

Begründung: Zwischen allen Buchstaben in der vorgegebenen Reihenfolge fehlen jeweils – alphabetisch aufsteigend – die drei folgenden Buchstaben. Von daher muss nach dem letzten hier vorgegebenen Buchstaben „q" geprüft werden, welche die drei dann folgenden Buchstaben in alphabetisch aufsteigender Folge wären, die es zu überspringen gilt. Hier wären das demnach die Buchstaben r – s – t, sodass die Folge mit dem Buchstaben „u" anstelle des Fragezeichens fortgesetzt werden müsste.

Hinweis: Für diese Aufgabe darfst du ausnahmsweise auch einen Schreibblock verwenden, damit du dir als Bearbeitungshilfe das Alphabet aufschreiben kannst.

Bearbeitungszeit: 15 Minuten

31.   i – g – e – c - ?
32.   d – g – j – m - ?
33.   b – f – j – p - ?
34.   a – e – i – m - ?
35.   a – d – i – p - ?

F) Logisches Denken: Analogien

In dieser Rubrik geht es darum herauszufinden, welche Analogien (wechselseitigen Verhältnisse) zwischen vorgegebenen Begriffspaaren existieren?

Beispiel: laut : leise   Lärm : ?
            Bewegungslosigkeit – Stille – Geräusch – Flüstern

Lösung: Hier wäre es das Lösungswort „Stille", da es in einem analogen Verhältnis zum Begriff „Lärm" steht, wie der Begriff „leise" zum Begriff „laut".

Bearbeitungszeit: 3 Minuten

36. Grün : Farbe   Rechnen : ?
    Computer – Schulfach – Multiplizieren – Lernen
37. Beatrice Egli : Musikerin   Rumpelstilzchen : ?
    Gespenst – Zauberer – Vorleserin – Märchen
38. Köchin : Beruf   Schulhof : ?
    Schulgelände – Stadtteil – Straße – Gebäude
39. Karies : Zahnärztin   Kurzsichtigkeit : ?
    Kinderärztin – Orthopädin – Augenärztin – Internistin
40. Schuhe : Laufen   Schal : ?
    Kleidung – Kälte – Mode – Geschenkverpackung
41. Jupiter : Planet   Sonne : ?
    Galaxie – Astronomie – Stern – Hitze
42. Physik : Naturwissenschaft   Türkisch : ?
    Lehrerin – Schülerin – Kartenspiel – Sprache
43. Mädchen – Frau   Junge : ?
    Mann – Lausbube – Opa – Lehrer

G)   Logisches Denken: Schlussfolgerungen

In dieser Rubrik geht es darum logisch korrekte Schlussfolgerungen aus
einer vorgegebenen Anzahl von Teilaussagen ziehen zu können.

Beispiel: Wenn A kleiner ist als B, und C kleiner ist als B, C jedoch
                größer ist als A, wer ist dann am größten?
Lösung: Hier wäre B die korrekt Antwort.
Bearbeitungszeit: 12 Minuten

44. Wo sind die Schokoriegel am billigsten?
    Im Laden A sind die Schokoriegel teurer als in B. In Laden D sind
    sie teurer als in C, aber billiger als in B.
45. Welches Video dauert am längsten?
    Video A ist länger als Video C. Das Video D ist kürzer als das
    Video B. Das Video B ist länger als der Film A.
46. Wer ist am cleversten?
    Julia ist genauso clever wie Iris. Simone ist weniger clever als Julia.
    Barbara ist cleverer als Julia.
47. Wer trinkt am meisten?
    Hermann trinkt mehr als Robert aber weniger als Max. Rüdiger
    trinkt weniger als Hermann, aber mehr als Robert.
48. Wer hat das schönste Bild gemalt?
    Angela hat ein schöneres Bild gemalt als Edwin, aber ein weniger
    schönes als Franz. Das Bild von Franz ist schöner als das Bild von
    Sandra. Angela hätte das schönste Bild gemalt, gäbe es Franz nicht.
49. Wie alt ist Claire?
    Angela ist zwei Jahre jünger als Simone. Simone ist 15 Jahre jünger
    als Claire und zugleich zwei Jahre jünger als Dirk. Dirk ist 13
    Jahre jünger als Claire und vier Jahre älter als Angela.
50. Wie viele Töchter gibt es?
    In einer Familie hat jede Tochter dieselbe Anzahl von Brüdern wie
    Schwestern, und jeder Bruder hat doppelt so viele Schwestern wie
    Brüder.

H)   Logisches Denken: Zahlenreihen ergänzen

In dieser Rubrik geht es darum, dass du die in den Zahlenreihen versteckten Muster entdeckst, nach denen die jeweils nächste Zahl eindeutig gebildet wird.

Beispiel: 2 – 4 – 6 – 8 – 10 – 12 - ?

Deine Aufgabe besteht nun darin herauszufinden, welche Zahl anstelle des Fragezeichens eingesetzt werden muss, damit das in dieser Zahlenreihe enthaltene Berechnungsmuster logisch konsequent fortgesetzt wird.

Lösung: Hier lautet das Berechnungsmuster: + 2
            Demnach lautet die gesuchte Zahl hier: 14

    51.   7 – 14 – 21 – 28 – 35 - ?
    52.   3 – 6 – 12 – 24 – 48 - ?
    53.   1 – 6 – 5 – 10 – 9 - ?
    54.   1 – 2 – 6 – 12 – 16 - ?
    55.   1 – 10 – 100 – 1000 – 10000 - ?
    56.   1 – 7 – 5 – 35 – 33 - ?
    57.   1 – 2 – 4 – 7 – 8 - ?
    58.   8192 – 4096 – 2048 – 1024 - ?

Bearbeitungszeit: 16 Minuten

I) Logisches Denken: Zahlmatrizen

In dieser Rubrik gilt es herauszufinden, welches mathematische Prinzip einer vorgegebenen Matrix (tabellenartige Struktur) zugrunde liegt, so dass das jeweils fehlende Zahlenfeld logisch konsistent ergänzt werden kann.

Beispiel: Angenommen, es sei folgende Zahlenmatrix gegeben:

1	2	3
	5	6
7	8	9

Lösung: In das freie Zahlenfeld müsste hier die Lösungszahl 4 eingetragen werden, damit die zugrundeliegende Logik sowohl horizontal, als auch vertikal in sich schlüssig erhalten bleibt.

Bearbeitungszeit: 5 Minuten

59.

4	8	12
16	20	?
28	32	36

60.

5	10	?
40	80	160
320	640	1280

61.

16384	8192	4096
2048	?	512
256	128	64

62.

1	10	19
?	37	46
55	64	73

63.

1	6	36
216	?	7776
46656	279936	1679616

J) Logisches Denken: Wochentage

In dieser Rubrik geht es darum herauszufinden, welche Wochentage sich aus einer gegebenen Zeitbeschreibung logisch ableiten lassen?

Beispiel: Angenommen, die Aussage lautet:
Wenn heute Mittwoch ist, welcher Tag ist dann zwei Tage nach Übermorgen?

Lösung: Hier lautet die korrekte Antwort: Sonntag.
Begründung: Wenn heute Mittwoch ist, dann wäre übermorgen demnach Freitag. Zwei Tage nach Freitag ist dann also Sonntag.

Bearbeitungszeit: 6 Minuten

64.   Vor drei Tagen war Sonntag. Welcher Tag ist dann übermorgen?

65.   In zwei Tagen wird Dienstag sein. Welcher Tag ist dann drei Tag nach vorgestern?

66.   Vor vier Tagen war zwei Tage nach Donnerstag. Welcher Tag ist dann morgen?

67.   Wenn vier Tage nach morgen Samstag ist, welcher Tag ist dann zwei Tage nach übermorgen?

68.   Welcher Wochentag wird vier Tage nach übermorgen sein, wenn gestern Mittwoch war?

K) Logisches Denken: Unmögliches erkennen

In dieser Rubrik geht es darum Unmögliches zu erkennen.

Beispiel: Welche der folgenden Behauptungen ist richtig?

Es ist unmöglich, dass...

a)   ... ein Mensch 110 Jahre alt wird.
b)   ... ein Mensch ohne Sauerstoff länger als fünf Stunden überlebt.
c)   ... ein Mensch ohne Nahrung länger als sieben Tage überlebt.
d)   ... ein Mensch nur vier Finger an seiner linken Hand hat.
e)   ... ein Mensch ohne Blinddarm überlebt.

Lösung: Hier wäre die korrekte Antwort unter dem Buchstaben b
               zu finden. Begründung: Ja, es stimmt, dass ein Mensch ohne
               Sauerstoff nicht länger als fünf Stunden überleben kann.

Bearbeitungszeit: 4 Minuten

69.   Es ist unmöglich, dass man die Zahl 49 (ohne Rest)...

a)   ... durch 7 teilen kann.
b)   ... durch 1 und durch 49 teilen kann.
c)   ... durch eine gerade Zahl teilen kann.
d)   ... durch die Summe aus 3 + 4 teilen kann.
e)   ... durch sich selbst teilen kann.

70. Es ist unmöglich, dass eine Grundschülerin der 4. Klasse...

a)   ... in keinem Schulfach die Note „sehr gut" auf dem Zeugnis hat.
b)   ... in die 1. Klasse zurückversetzt wird.
c)   ... besser Fußball spielt als ein Junge.
d)   ... alle Karl-May-Bücher gelesen hat.
e)   ... in der Schulaula ein Konzert gibt.

71. Es ist unmöglich, dass die kleinste dreistellige Zahl...

a)   ... (ohne Rest) durch 10 dividiert werden kann.
b)   ... (ohne Rest) durch drei dividiert werden kann.
c)   ... verzehnfacht wird.
d)   ... um den Wert 777 erhöht wird.
e)   ... zweimal (ohne Rest) halbiert werden kann.

72. Es ist unmöglich, dass ein Elefant...

a)   ... in Afrika lebt.
b)   ... Marzipan futtert.
c)   ... 250 Jahre alt wird.
d)   ... sich mit einem Braunbär anfreundet.
e)   ... ein zwei Tonnen schweres Auto umkippen kann.

73. Es ist unmöglich, dass...

a)   ... ein Mädchen besser Schach spielt als ein Junge.
b)   ... dass es größere Sonnen gibt als die unseres Sonnensystems.
c)   ... es Ärztinnen gibt, die unter Legasthenie leiden.
d)   ... eine Galaxie mehr als eine 1000 Planeten enthält.
e)   ... ein Mensch ohne Hilfsmittel fliegen kann.

L) **Logisches Denken: Meinung oder Tatsache?**

In dieser Rubrik gilt es herauszufinden, ob es sich bei einer Aussage um eine Meinung oder um eine Tatsache handelt?

Beispiel: Angenommen, es seien folgende Aussagen gegeben:

a)   Blau ist eine sehr schöne Farbe.
b)   Ein Tag auf der Erde setzt sich aus 24 Stunden zusammen.

Lösung: a)   Meinung – nicht objektiv begründbar
              b)   Tatsache – objektiv belegbar gemäß Vereinbarung

Bearbeitungszeit: 2 Minuten

74.   Der Jupiter ist größer als die Erde.
75.   Pippi Langstrumpf ist der Name einer Kinderbuchfigur.
76.   Orangensaft schmeckt köstlich.
77.   Mädchen kommen zumeist früher in die Pubertät als Jungen.
78.   Die Zugspitze ist der höchste Berg in Deutschland.
79.   Nougat schmeckt besser als Pommes Frites.
80.   Hamburg ist die schönste Stadt in Norddeutschland.
81.   Jungen verfügen mehrheitlich über ein besseres räumliches Vorstellungsvermögen.
82.   Es gibt mehr Mädchen, die im Kindergarten arbeiten, als Jungen.
83.   Grüne T-Shirts sind schöner als rote T-Shirts.

M) Mathematische Fähigkeiten: Kopfrechnen

In dieser Rubrik werden deine Fähigkeiten im Kopfrechnen getestet. Zur Bearbeitung dieser Aufgaben sind keinerlei zusätzliche Hilfsmittel (Papier, Bleistift, Taschenrechner usw.) erlaubt. Einzig deinen Kopf darfst du zur Lösung der folgenden Aufgaben verwenden.

Bearbeitungszeit: 15 Minuten

84. $12 + 31 + 47 = ?$
85. $1407 - 177 + 101 = ?$
86. $32 * 2 * 3 = ?$
87. $1024 / 256 = ?$
88. $(16 * 5 + 4) - 11 = ?$
89. $(111 + 27 * 2) * 2 = ?$
90. $1000 - 601 + 39 = ?$
91. $(13 + 8 * 12) - (24 / 6) = ?$
92. $6 + 66 + 666 + 6666 = ?$
93. $457 - (8 * 5) - 190 = ?$

N) Mathematische Fähigkeiten: Rechenzeichen einsetzen

In dieser Rubrik geht es darum herauszufinden, welche Rechenzeichen (+ - * /) jeweils anstelle der Fragezeichen (?) in eine Aufgabe eingesetzt werden müssen, sodass das vorgegebene Ergebnis korrekt ist.

Legende: ?   Ist der Platzhalter für das erste Operationszeichen
              ??   Ist der Platzhalter für das zweite Operationszeichen
              ???   Ist der Platzhalter für das dritte Operationszeichen
              ????   Ist der Platzhalter für das vierte Operationszeichen

Beispiel: 49 ? 35 = 84

Lösung: Hier müsste das Additionszeichen (+) anstelle des Fragezeichens eingesetzt werden, so dass die vorgegebene Lösung stimmt.

Bearbeitungszeit: 18 Minuten

94.   49 ? 7 = 7
95.   315 ? 100 = 215
96.   3 ? 7 ?? 13 = 34
97.   (9 ? 9) ?? 80 = 1
98.   107 ? 204 ?? 88 ??? 99 = 300
99.   (50 ? 2 ?? 100) ??? (4 ???? 7) = 172
100. 4 ? 36 ?? (25 ??? 5) ???? 84 = 100
101. 22 ? 10 ?? (999 ??? 3) ???? 7 = 560
102. 2 ? 3 ?? 5 ??? 7 ???? 11 = 2310

O) **Beobachtungsgabe: Welches Zeichen ist anders in einer Reihe?**

In dieser Rubrik wird deine Beobachtungsgabe überprüft. Dabei gilt es möglichst schnell zu erkennen, welches Zeichen in einer vorgegebenen Reihe von der Originalreihe abweicht?

Beispiel: Angenommen, folgende Originalreihe sei vorgegeben:

DSFLÖKÖLFKÖLWEIROPIEWPORIPOEIPOKFÖLDKFÖLKDÖLWPUI

Hier nun die zu überprüfende Reihe:

DSFLÖKÖLFKÖLWEIROPIEWPORIPOEIPOKFÖLDKEÖLKDÖLWPUI

Lösung: Hier wurde der Buchstabe „F" durch ein „E" ausgetauscht.

DSFLÖKÖLFKÖLWEIROPIEWPORIPOEIPOKFÖLDK**E**ÖLKDÖLWPUI

Bearbeitungszeit: 2 Minuten

103. RZGLLLKOTZHBNMNKLÖDFGWERPOIUHHHGJIUUKLMNN
RZGLLLKOTZHBNMNKLÖDFGWERPOIUHHHKJUUKLMNN

104. YXCBNMEWRUIOASDFÖKÖLSDFÖWLERUJOIASNWERUIO
YXCBNMEWRUIOANDFÖKÖLSDFÖWLERUJOIASNWERUIO

105. WQEUIOGKFLÖSDKFLÖKDÖLFKÖSRIWEPORIPONFMGDG
WQEUIOGKFLÖSDKFLÖKDÖLFKÖSRIWFPORIPONFMGDG

106. ASDFJGKLDFKGJLKFJDLGKRIEORIPEWVXCNMVNXCMC
ASDFJGKLDFKGJLKFJDLGKRIEORIPEWVXCNNVNXCMC

107. POIIOWEURIOEUWDSJFKLSDFUERIOEWQETRQTWEZREU
POIIOWEURIOEÜWDSJFKLSDFUERIOEWQETRQTWEZREU

108. MNBXNMCYBMNXCBSAHDJHASKJDHJKASHKJDEUWIEU
MNBXNMCYBMNXCBSAHDJHASKJDHJKASHTJDEUWIEU

109. DASFDGHSFAGDSDHFKJHSDKJFHKJFGURTIERUITUEIRUI
DASFDGHSFAGDSDHFKJHSDKJFHQJFGURTIERUITUEIRUI

110. ZWEUZRIUERIPORETIPOREITPOEIRTNXCVMNMCVMCWE
ZWEUZRIUERIPORETIBOREITPOEIRTNXCVMNMCVMCWE

111. YDRTHNJKOIUZTREWWPPOIUZZNUHDFTWLPOFKITSUHK
YDRTHNJKOIUZTREWWPPOIUZZNUHDFTWLPOFKLTSUHK

P)   Merkfähigkeit: Wörter einprägen

In der folgenden Rubrik geht es darum, dass du dir möglichst schnell viele vorgegebene Begriffe einprägst, zu denen dann anschließend einige Fragen gestellt werden.

Beispiel: Angenommen, es sei folgende Tabelle mit Begriffen vorgegeben:

Zeit zum Einprägen: 2 Minuten. Bitte erst nach der Einprägezeit umblättern.

Lebensmittel	Automarke	Unterrichtsfach	Mädchenname
Brot	BMW	Physik	Barbara
Käse	OPEL	Englisch	Iris
Wurst	FORD	Kunst	Heike
Marmelade	MERCEDES	Musik	Sandra

Frage: In welcher Rubrik beginnt ein Begriff mit dem Buchstaben
             „H"?

Lösung: In der Rubrik „Mädchenname" beginnt der Begriff „Heike"
             mit dem Buchstaben „H".

112.

Farbe	Mädchenname	Fluss	Schulfach
grün	Iris	Rhein	Rechnen
blau	Tülay	Mosel	Deutsch
rot	Sandra	Weser	Sport
gelb	Claire	Elbe	Musik

Zeit zum Einprägen: 2 Minuten. Bitte erst nach der Einprägezeit
umblättern.

112 a) In welcher Zeile (ohne Überschriftszeile!) steht ein Fluss
mit dem Anfangsbuchstaben „W"?

112 b) Wie lautet der Mädchenname mit dem Anfangsbuchstaben „T"?

112 c) In welcher Zeile (ohne Überschriftszeile) befindet sich das
Schulfach „Musik"?

112 d) Welche Farbe wird in der 3. Zeile (ohne Überschriftszeile!)
genannt?

Bearbeitungszeit: 2 Minuten

113.

Tier	Schulfach	Blume	Fahrzeug	Schreibgerät
Hund	Deutsch	Rose	Auto	Füller
Katze	Mathematik	Tulpe	Fahrrad	Bleistift
Tiger	Sport	Primel	Tretroller	Kugelschreiber
Maus	Musik	Veilchen	Lokomotive	Filzstift
Elefant	Kunst	Narzisse	LKW	Buntstift
Krokodil	Sachkunde	Fresie	Kettcar	Gelstift
Hamster	Physik	Nelke	Dreirad	Kreide

Einprägezeit: 4 Minuten. Bitte erst umblättern, nachdem die Einprägezeit
vorbei ist.

113 a) Wie lautet der Name der Blume, der (ohne Überschriftszeile) in der fünften Zeile genannt wird?

113 b) Welches Schreibgerät steht in der 2. Zeile (ohne Überschriftszeile)?

113 c) Welches Tier wird in der 7. Zeile (ohne Überschriftszeile) der Spalte „Tier" genannt?

113 d) Wie lauten die Schulfächer (ohne Überschriftszeile) in den Zeilen 2 und 3?

113 e) Welches Fahrzeug wird in der ersten Zeile (ohne Überschriftszeile) genannt?

113 f) In welcher Zeile (ohne Überschriftszeile) beginnt genau ein Begriff mit dem Buchstaben „P"?

Bearbeitungszeit: 3 Minuten

114.

Natürliche Zahlen: Das sind alle Zahlen, die größer als 0 sind, und die keine Nachkommastellen haben, wie z. B.: 1 – 2 – 3 – 4 – usw.

Primzahlen: Das sind alle Zahlen, die nur durch sich selbst und durch 1 ohne Rest geteilt werden können: 2 – 3 – 5 – 7 – 11 – 13 – 17 usw.

Quadratzahlen: Das sind alle Zahlen, die mit sich selbst multipliziert werden, wie z. B.: 1 x 1 = **1**; 2 x 2 = **4**; 3 x 3 = **9**; 4 x 4 = **16** usw.

Natürliche Zahlen	Primzahlen	Quadratzahlen
224	41	361
333	61	576
812	37	256
517	59	400
632	31	625
777	67	441
189	53	784
256	71	484
876	43	841
227	47	676

Einprägezeit: 7 Minuten. Bitte erst umblättern, nachdem die Einprägezeit vorbei ist.

114 a) Welche Quadratzahl ist als einzige identisch mit einer der genannten Natürlichen Zahlen?

114 b) Welche der genannten Primzahlen taucht nicht in der Tabelle auf?
31 – 61 – 97

114 c) Wie lauten die beiden „Schnapszahlen" in der Rubrik der Natürlichen Zahlen? (*Schnapszahlen*: Das sind Zahlen, die komplett nur aus gleichen Ziffern bestehen, wie z. B.: 111, 222 usw.)

114 d) Wie lautet die Quadratzahl, die mit der Ziffer 7 beginnt?

114 e) Welche Primzahl steht in der vorletzten Zeile?

114 f) Wie lauten die drei Natürlichen Zahlen, die jeweils mit der Ziffer 2 beginnen?

114 g) Welche Quadratzahl steht in der vierten Zeile (ohne Überschriftszeile)?

114 h) Welche der genannten Primzahlen hat die Quersumme 13?

Bearbeitungszeit: 3 Minuten

Q) Merkfähigkeit: Begriffe merken

Auch in der folgenden Rubrik geht es darum, dass du dir möglichst viele Begriffe in möglichst kurzer Zeit einprägst. Anschließend werden dann Fragen zu den zuvor eingeprägten Begriffen bzw. zu deren Positionen innerhalb der jeweiligen Tabelle gestellt.

Beispiel:

Pappel	Schumann	Quark	Tanne
Kunst	Chemie	Buche	Informatik
Beethoven	Erdbeeren	Philosophie	Schubert
Spanisch	Erle	Dinkelbrot	Trauerweide
Marmelade	Chopin	Mahler	Gemüse

Einprägezeit: 3 Minuten

Nachdem du dann die obige Tabelle abgedeckt hast, sollten folgende Fragen beantwortet werden:

- In welcher Spalte befindet sich das Schulfach mit dem Anfangsbuchstaben „C"?
- In welchen Spalten befinden sich zwei Namen von berühmten Komponisten, deren Anfangsbuchstaben ein „S" sind?
- Welches Lebensmittel wird in der vierten Spalte genannt?
- In der wievielten Zeile befindet sich das Schulfach mit dem Anfangsbuchstaben „P"?

Lösungen:

- Das Schulfach Chemie befindet sich in der zweiten Spalte.
- Die Komponisten Schumann und Schubert befinden sich in den

Spalten zwei und vier.

- Das Lebensmittel in der vierten Spalte ist Gemüse.
- Das Schulfach mit dem Anfangsbuchstaben „P" (Philosophie) befindet sich in der dritten Zeile.

115.

freundlich	Marzipan	Skat	Nutella	Blumenkohl
Kiefer	Rhein	Bohne	Maler	nett
Lehrerin	Kakao	Limonade	Eiche	Halma
Memory	Kohlrabi	aggressiv	Mühle	Bäcker
Donau	Tee	Juristin	Tanne	Milch
Nougat	Schach	Möhre	hilfsbereit	Mosel
Rosenkohl	launisch	Weser	Bier	Buche
Ärztin	Pappel	Schokolade	Elbe	Lakritz

Einprägezeit: 7 Minuten

Bitte erst umblättern, nachdem die Einprägezeit abgelaufen ist.

115 a) In der wievielten Zeile befindet sich der Begriff „Schach"?

115 b) Welcher Beruf wird in der vierten Spalte genannt?

115 c) In welcher Zeile wird der Begriff „Lehrerin" genannt?

115 d) Welches Getränk wird in der dritten Zeile der zweiten Spalte genannt?

115 e) Wie heißt das Gemüse in der ersten Zeile?

115 f) Welches Wort in der ersten Spalte beginnt mit „N"?

115 g) Welche Charaktereigenschaft wird in der sechsten Zeile genannt?

115 h) Welches Wort der zweiten Spalte beginnt mit „T"?

115 i) Welcher Fluss mit dem Anfangsbuchstaben „D" wird genannt?

115 j) Welches Brettspiel wird in der dritten Zeile genannt?

Bearbeitungszeit: 4 Minuten

R) **Merkfähigkeit:** **Adressen** **merken**

In dieser Rubrik geht es darum, dass du dir zunächst folgende Adressen (komplett) einprägst. Anschließend werden verschiedene Fragen zu bestimmten Details gestellt, die du dann aus deinem Gedächtnis beantworten sollst.

Bitte beachte, dass du erst auf die nächste Seite umblätterst nachdem die Einprägezeit von insgesamt 15 Minuten vollständig abgelaufen ist.

116.

Melanie Schulz, 37 Jahre **Floristin** **Herbertstraße 17** **30200 Hannover**	**Erwin Schulz, 79 Jahre** **Privatier** **Hansenstraße 25** **70210 Stuttgart**
Dr. Florian May, 52 Jahre **Arzt** **Minratherstr. 44** **20560 Hamburg**	**Sandra Siebert, 48 Jahre** **Buchhändlerin** **Prinzenstr. 81** **40430 Düsseldorf**
Claire Boll, 29 Jahre **Physiotherapeutin** **Hafenstr. 61** **50400 Köln**	**Uwe Niemayer, 42 Jahre** **Künstler** **Farbenstr. 11** **60100 Frankfurt**
Hans Meier, 77 Jahre **Rentner** **Sonnenweg 1** **70500 Stuttgart**	**Tülay Önöz, 55 Jahre** **Flugbegleiterin** **Krefelderstr. 100** **30210 Hannover**
Angela Spohn, 59 Jahre **Lehrerin** **Ahornstr. 48** **51280 Köln**	**Helmut Bense, 56 Jahre** **Tischler** **Lahnstr. 99** **10220 Berlin**

116 a) Welche Person wohnt in der Krefelderstr. 100?

116 b) Wie alt ist Dr. Florian May?

116 c) Welchen Beruf hat Claire Boll?

116 d) In welcher Straße wohnt Erwin Schulz?

116 e) Wer wohnt in 30200 Hannover?

116 f) In welcher Stadt (inkl. PLZ) wohnt der Rentner?

116 g) Welche Person ist 48 Jahre alt?

116 h) Wie lautet der Name des Künstlers?

116 i) Wer wohnt in der Ahornstr. 48?

116 j) Welchen Beruf hat Helmut Bense?

Bearbeitungszeit: 5 Minuten

S)   Merkfähigkeit: Texte einprägen, anschließend Fragen beantworten

In der folgenden Rubrik geht es darum, dass du dir zunächst einen vorgegebenen Text innerhalb einer vorgegebenen Zeit (3 Minuten) einprägst. Anschließend blätterst du bitte um zu den Fragen, die du dann detailliert beantworten solltest.

117.

Schülerinnen und Schüler aus Düsseldorf gewinnen Schachturnier 2020

Die Schülerinnen und Schüler der Klasse 5a des Düsseldorfer Humboldt-Gymnasiums haben das städtische Schachturnier 2020 (Altersklasse 8 – 12) überragend gewonnen. An diesem Schachturnier hatten zu Beginn 24 Mannschaften teilgenommen. Jede Mannschaft bestand aus insgesamt acht Schülerinnen / Schülern. Beste EinzelspielerInnen waren die 11-jährige Hannah Menzel (6 Siege, 2 Remis, 0 Niederlagen) sowie der 10-jährige Jonas Sakowski (7 Siege, 0 Remis, 1 Niederlage). Austragungsort war die Mitsubishi-Halle im Stadtteil Oberbilk. Insgesamt kamen 850 ZuschauerInnen zu dem Wettkampf, die über Monitore das Geschehen an den Schachbrettern verfolgen konnten. Das Preisgeld in Höhe von 1500 € für die Klassenkasse wurde gesponsert von der Firma „Schlaumeier". Die höchste Spielstärke mit einer ELO-Zahl von 1750 wurde erreicht von Jonas Sakowski. Auf dem zweiten Platz landete die Jugendmannschaft aus Ratingen, die sich erst im Finale knapp mit 3,5 zu 4,5 der Siegermannschaft aus Düsseldorf geschlagen geben musste. Für die Analyse der gespielten Schachpartien wurde das weltbeste, klassische Schachprogramm STOCKFISH eingesetzt, dessen Spielstärke deutlich oberhalb der Spielstärke des menschlichen Schachweltmeisters liegt. Im Lokalsender des WDR wurde das Finale live übertragen. Die kürzeste Schachpartie dauerte nur 8 Züge. Die längste Schachpartie, die erst nach knapp fünf Stunden beendet wurde, umfasste 112 Schachzüge. Das nächste Schachturnier für SchülerInnen findet statt in Köln im Mai 2021.

117 a) An welcher Schule fand das städtische Schachturnier 2020 statt?

117 b) Wie viele Mannschaften nahmen teil?

117 c) Wie lautet der Name der besten Einzelspielerin?

117 d) Wie viele Siege konnte Jonas Sakowski verbuchen?

117 e) In welchem Stadtteil lag der Austragungsort?

117 f) Wie viele ZuschauerInnen haben das Schachturnier besucht?

117 g) Wie hoch war das Preisgeld?

117 h) Welche Firma hat das Preisgeld gesponsert?

117 i) Welche höchste ELO-Zahl (Spielstärke) erreichte Jonas?

117 j) Welches Schachprogramm wurde zur Analyse eingesetzt?

117 k) In welchem Fernsehsender wurde das Finale übertragen?

117 l) Wie viele Züge hatte die längste Schachpartie?

Bearbeitungszeit: 8 Minuten

T)   Interpretation von Statistiken

In dieser Rubrik geht es darum zu zeigen, ob bzw. inwieweit du dazu in der Lage bist, Statistiken korrekt zu verstehen, um somit wichtige Informationen daraus ableiten zu können.

118.

	1	*2*	*3*	*4*	*5*	*6*
A	34	47	33	62	80	22
B	22	43	98	11	56	34
C	76	64	90	82	54	48
D	55	87	44	39	74	96

a)   Welcher Schüler (A, B, C, D) hat durchschnittlich die meisten Punkte in den Wettbewerben (1, 2, 3, 4, 5, 6) erzielt?

b)   Welche beiden Schüler haben im vierten Wettbewerb die wenigsten Punkte erzielt?

c)   Welcher Schüler hat die geringste Streuungsbreite (damit ist die Differenz zwischen dem kleinsten und dem größten Punktwert gemeint) über alle sechs Wettbewerbe?

d)   Welcher Wettbewerb hat insgesamt die höchste Punktzahl?

Bearbeitungszeit: 6 Minuten

119.

In der folgenden Tabelle sind die Durchschnittstemperaturen für acht Städte in vier aufeinanderfolgenden Jahren aufgelistet.

	2014	*2015*	*2016*	*2017*
A	9	10	8	11
B	7	7	12	9
C	4	2	6	3
D	12	14	11	14
E	10	9	15	13
F	8	8	6	9
G	15	17	14	15
H	6	6	7	8

a) In welchem Jahr herrschten insgesamt die höchsten Durchschnitts-temperaturen?

b) Welche Stadt war durchschnittlich die kälteste?

c) Welche beiden Städte hatten im Jahr 2016 die niedrigsten Durchschnittstemperaturen?

d) Welche Stadt hatte insgesamt die höchste Durchschnitts-temperatur?

Bearbeitungszeit: 10 Minuten

U)   Oberbegriffe finden

In der folgenden Rubrik geht es darum herauszufinden, welche Begriffe in der linken Spalte jeweils passende Oberbegriffe zu den in der rechten Spalte genannten Wörtern sind?

Beispiel:

Wassersport	Barbara
Wetterphänomen	Zugspitze
Vorname	Segeln
Fluss	Wirbelsturm
Berg	Rhein

Hier wäre die korrekte Zuordnung wie folgt:

Wassersport   ===>   Segeln
Wetterphänomen   ===>   Wirbelsturm
Vorname   ===>   Barbara
Fluss   ===>   Rhein
Berg   ===>   Zugspitze

120.

Politiker	Venus
Hauptstadt	Lübecker Marzipan
Fluss	Brötchen
Moderator	Frank Tipler
Kulinarische Spezialität	Kopenhagen
Alkoholisches Getränk	Remis
Astrophysiker	Jörg Pilawa
Sängerin	Selma Lagerlöf
Komponist	Kiel
Stadt in Holland	Markus Söder
Gebirge	Michelle
Planet	Bier
Begriff aus dem Schachsport	Elbe
Autorin	Rotterdam
Backware	Händel
Landeshauptstadt	Himalaya

Bearbeitungszeit: 4 Minuten

121.

Naturforscher	Peter Horton
Theologe	München
Fußballer	Pablo Picasso
Schachweltmeister	Arial
Edelstein	Magnus Carlsen
Naturkatastrophe	Riesling
Rechenart	Buche
Lexikon	Alexander von Humboldt
Wintersportort	Abakus
Politikerin	Wolfgang Huber
Elektronisches Bauteil	Traben-Trarbach
Berühmter Gitarrist	Manuel Neuer
Stadt in Süddeutschland	Katja Kipping
Baumart	Oberstdorf
Destruktives Gefühl	Lapislazuli
Weinsorte	Addition
Berühmter Maler	Meyers Lexikon
Tageszeitung	Erdbeben
Rechenhilfsmittel	Kondensator
Ort an der Mosel	FAZ
Schrifttyp	Neid

Bearbeitungszeit: 4 Minuten

V)   Passende Begriffe finden

In der folgenden Rubrik geht es darum, dass du zu einem vorgegebenen Oberbegriff aus einer Liste exakt nur solche Wörter herausfindest, die zu dem vorgegebenen Oberbegriff passen.

Beispiel: Angenommen, der Oberbegriff lautet „Schule". Gegeben sei folgende Liste:

Schulhof – Lehrerin – Kino – Schulranzen – Federmäppchen – Schwimmbad – Sommerferien – Mitschülerin – Noten – Zeugnis – Fahrradsattel – Pausengong – Klassenarbeit – Erdbeereis – Schokolade – Lehrerpult – Lehrerzimmer – Nachhilfeunterricht – Reitsport - Aula

Hier lauten die korrekten Wörter, die allesamt dem Oberbegriff „Schule" zugeordnet werden können:

Schulhof, Lehrerin, Schulranzen, Federmäppchen, Sommerferien, Mitschülerin, Noten, Zeugnis, Pausengong, Klassenarbeit, Lehrerpult, Lehrerzimmer, Nachhilfeunterricht, Aula

122. Der vorgegebene Begriff lautet „Deutsche Politikerinnen / Politiker (noch lebend oder bereits gestorben)":

Gegeben ist folgende Liste:

Willy Brandt – Helmut Schmidt – Barack Obama – Helmut Kohl – Hillary Clinton – Sahra Wagenknecht – Robert Habeck - Angela Merkel – Emmanuel Macron – Annalena Baerbock – Manuela Dreyer – Mara Carfagna – Lars Klingbeil – Alexis Tsipras – Magdalena Andersson – Dietmar Bartsch – Katja Kipping – Wladimir Putin – Peter Tschentscher – Marina Weisband – Nancy Pelosi – Guido Westerwelle

Bearbeitungszeit: 2 Minuten

123.

Der vorgegebene Begriff lautet „Kubikzahlen":

Kleine Hilfe: Eine Kubikzahl entsteht, wenn du eine natürliche Zahl in folgender Art und Weise zweimal mit sich selbst multiplizierst, sodass die Ausgangszahl genau dreimal in der Rechenaufgabe wie folgt auftaucht:

Angenommen, es soll die Kubikzahl der Zahl 2 berechnet werden.

Dann musst du wie folgt rechnen:

2 x 2 x 2 = 8

Also lautet die Kubikzahl von 2 demnach 8.

Bei den folgenden Zahlen sollst du nun bitte herausfinden, ob die jeweils hier genannte Zahl tatsächlich eine Kubikzahl ist, die auf die hier oben beschriebene Art und Weise entstanden sein kann?

Gegeben ist folgende Liste:

125 – 1 – 39 – 729 – 216 – 320 – 516 – 1000 – 199 – 343 – 411 – 448 – 512 – 668 – 772 – 1331 – 881 – 27 – 1455 – 2255 – 1728 – 3425 – 2744 - 4875

Bearbeitungszeit: 12 Minuten

W) Schnell Wörter finden

In dieser Rubrik geht es darum zu vorgegebenen Ausgangsbedingungen möglichst viele Wörter aufzuschreiben.

Beispiel: Angenommen, die Ausgangsbedingung lautet: Schreibe möglichst viele Wörter auf, die mit dem Anfangsbuchstaben B beginnen.

Dann könnte deine Liste z. B. wie folgt aussehen:

Baum – Bus – Bär – Brot – Buche – Bild – Bochum – Boot usw.

<u>Hinweis:</u> Zur Bearbeitung dieser Aufgabe darfst du einen Schreibblock verwenden.

124. a) Schreib' nun binnen zwei Minuten möglichst viele Wörter auf, die mit dem Buchstaben „F" beginnen.
   b) Schreib' bitte binnen zwei Minuten möglichst viele Wörter auf, deren dritter Buchstabe ein „l" ist.
   c) Schreib' nun binnen zwei Minuten möglichst viele Adjektive auf, deren Anfangsbuchstabe ein „g" ist.

X) Sinnlose Silben

In dieser Rubrik geht es darum, dass du dir möglichst viele „sinnlose"
Silben einprägst, die dann anschließend – nach einer dreiminütigen
Wartezeit – überprüft werden. Sinn und Zweck dieser Aufgabe ist es, deine
Gedächtnisfunktion zu überprüfen.

125. Präge dir bitte zunächst möglichst viele der nachfolgenden
      Silben ein. Für diesen Einprägevorgang stehen dir insgesamt
      zehn Minuten zur Verfügung.

ghj	rtz	jjl
wrr	tzt	hjk
dfg	kjh	wsc
qsc	ppl	wwt
vvb	nmn	xxc
ukk	qqk	ztz
bvc	xyx	ttm
ftb	ppw	njj
wxc	rnz	qmq
vvx	zhg	bpb

Nachdem die zehn Minuten Einprägezeit zzgl. der Wartezeit von drei
Minuten vorbei sind, blätterst du bitte um auf die nächste Seite.

Bitte achte unbedingt darauf, dass du während der Wartezeit keinen Blick
mehr auf die vorherige Tabelle mit den sinnlosen Silben wirfst; das ist
ausdrücklich so gewollt.

Markiere nun in der folgenden Tabelle genau die zehn Silben, die in der vorherigen Tabelle tatsächlich vorgekommen sind.

Bearbeitungszeit: 3 Minuten

uur	ppl	yop
llk	kks	hjk
wii	wmj	aik
dfg	qqk	xxc
oop	wpl	lld
tli	qkv	wmj
rrm	soi	doi
qiq	emb	sin
ukk	rnz	fkh
tzt	nmn	njj

Y) Merkfähigkeit

In der folgenden Rubrik wird deine Merkfähigkeit getestet. Zunächst solltest du dir möglichst viele Informationen binnen drei Minuten einprägen.

Anschließend blätterst du bitte auf die nächste Seite um, und beantwortest dann alle gestellten Fragen.

126. Schulfach : Deutsch – Mathematik – Sport
Englisch – Physik

Planet : Erde – Jupiter – Saturn – Mars
Venus

Blume : Rose – Iris – Nelke – Tulpe
Narzisse

Automarke : BMW – Opel – Mercedes
VW – Renault

Beruf : Winzer – Goldschmied – Schuster
Programmiererin – Rechtsanwältin

Haushaltsgerät : Kaffeemaschine – Spülmaschine -
Waschmaschine – Mixer – Herd

Mädchenname : Heike – Angela – Tülay
Barbara – Sandra

Bearbeitungszeit für alle folgenden Teilaufgaben: 3 Minuten

a)   Der Name welches Schulfachs beginnt mit dem Buchstaben „M"?
b)   Welcher Planet beginnt mit dem Buchstaben „V"?
c)   Welcher Blumenname beginnt mit einem Vokal?
d)   Welches Schulfach endet mit dem Buchstaben „k"?
e)   Welcher Beruf beginnt mit dem Buchstaben „P"?
f)   Welches Haushaltsgerät beginnt mit dem Buchstaben „K"?
g)   Welcher Mädchenname beginnt mit einem „T"?
h)   Wie lautet der Name des Planeten mit sieben Buchstaben?
i)   Welcher Beruf endet mit dem Buchstaben „d"?
j)   Welcher Mädchenname enthält genau zwei Vokale?

Z)   Sudoku

In dieser Rubrik soll ein Sudoku möglichst schnell gelöst werden.

Zielvorgabe: Sinn und Zweck des folgenden Sudokus ist es, dass in jeder Zeile sowie in jeder Spalte, und zudem in jedem einzelnen 3 x 3 Quadrat jede der Ziffern von 1 bis 9 exakt einmal vorkommt. In keiner Zeile, keiner Spalte und keinem 3 x 3 Quadrat dürfen einzelne Ziffern mehrfach vorkommen; und es darf zudem keine Ziffer fehlen.

Bearbeitungszeit: 15 Minuten

127.

	9	2	6		7	4		5
5		8			4	2		
	3		9		5		7	8
	1	9		4	3	5		
7	2		5	6			1	3
		3	2	1		9	4	
	8	1			6	7		4
9		7	4	5			8	2
3		5	8	7	2		9	1

Lösungen

A) Sprachliche Intelligenz: Welches Wort passt nicht?

1. Schach   (keine Ballsportart)
2. Paris   (keine deutsche Stadt)
3. Mühle   (kein Kartenspiel)
4. Klavier   (kein Blasinstrument)
5. Knochen   (kein Sinnesorgan)
6. Marzipan   (kein Gemüse)
7. Pferd   (kein Vogel)
8. Schuhkarton   (kein Speicher für Computer)

B) Sprachliche Intelligenz: Gleiche Wortbedeutung?

9. flott
10. höflich
11. orkanartig
12. geldgierig
13. pauken
14. säubern
15. anständig
16. verlogen

C) Sprachliche Intelligenz: Buchstabensalat

17.   Bleistift
18.   Smartphone
19.   Coronatest
20.   Freizeit
21.   Unterricht
22.   Lehrkraft

23. Mobbing
24. Schulhof
25. Tornister
26. Konzentration

D) Sprachliche Intelligenz: Buchstabengruppen

27. DFHJL   Bei allen anderen Kombinationen wird zwischen den Buchstaben jeweils ein Abstand von zwei Buchstaben eingehalten.

28. AEIOU   Bei allen anderen Kombinationen befindet sich jeweils auch ein Vokal in der Reihe.

29. QSUWY   In allen anderen Reihen folgen die Buchstaben jeweils unmittelbar aufeinander.

30. HIPRV   Alle anderen Reihen bestehen ausschließlich aus Konsonanten. Hier wird jedoch auch ein Vokal, der Buchstabe „I" verwendet.

E) Sprachliche Intelligenz: Buchstabenreihen

31. a   Es wird in 2-er-Schritten rückwärts der jeweilige Buchstabe gesucht.

32. p   Jeweils in 3-er-Schritten der nächste Buchstabe.

33. v   Es wird der jeweils einem Vokal unmittelbar nachfolgende Buchstabe gesucht.

34.	q	Beginnend beim Buchstabe „a" wird in 4er Schritten der folgende Buchstabe gesucht.
35.	y	Es werden die Buchstaben gesucht, die an den Positionen der Quadratzahlen (z.B.: 1 x 1 =1. Position, 2 x 2 = 4. Position usw.) im Alphabet stehen (Beispiel: Der Buchstabe A steht an der. 1. Position. Der Buchstabe D steht an der 4. Position usw.).

F)   Logisches Denken: Analogien

36.   Schulfach
37.   Märchen
38.   Schulgelände
39.   Augenärztin
40.   Kälte
41.   Stern
42.   Sprache
43.   Mann

G)   Logisches Denken: Schlussfolgerungen

44.   C
45.   B
46.   Barbara
47.   Max
48.   Franz
49.   29
50.   4

H)   Logisches Denken: Zahlenreihen ergänzen

51.   Berechnungsschema: +7
       Gesuchte Zahl: 42
52.   Berechnungsschema: *2
       Gesuchte Zahl: 96
53.   Berechnungsschema: +5, -1
       Gesuchte Zahl: 14
54.   Berechnungsschema: *2, +4
       Gesuchte Zahl: 32
55.   Berechnungsschema: *10
       Gesuchte Zahl: 100000
56.   Berechnungsschema: *7, -2
       Gesuchte Zahl: 231
57.   Berechnungsschema: +1, +2, +3
       Gesuchte Zahl: 10
58.   Berechnungsschema: :2
       Gesuchte Zahl: 512

I)   Logisches Denken: Zahlmatrizen

59.	24	jeweils +4
60.	20	jeweils *2
61.	1024	jeweils durch 2 dividieren (teilen)
62.	28	jeweils +9
63.	1296	jeweils *6

J)   Logisches Denken: Wochentage

64.	Freitag
65.	Montag
66.	Donnerstag
67.	Samstag
68.	Mittwoch

K)   Logisches Denken: Unmögliches erkennen

69.	c	Bei jeder geraden Zahl, durch die man die Zahl 49 teilt, entsteht ein Rest.
70.	b	Eine Rückversetzung von der 4. Klasse in die 1. Klasse ist vom Schulgesetz nicht vorgesehen.
71.	b	Die kleinste dreistellige Zahl ist 100. Wenn die Zahl 100 durch 3 dividiert wird, entsteht ein Rest von 1, denn 100:3 = 33 mit einem Rest von 1.
72.	c	Elefanten werden maximal etwa 70 Jahre alt.
73.	e	Ein Mensch benötigt zum Fliegen auf jeden Fall geeignete Hilfsmittel, wie z. B. ein Flugzeug, einen Ballon, einen Wingsuit (Flügelanzug) usw.

L)   Logisches Denken: Meinung oder Tatsache?

74.   Tatsache
75.   Tatsache
76.   Meinung
77.   Tatsache
78.   Tatsache
79.   Meinung
80.   Meinung
81.   Tatsache
82.   Tatsache
83.   Meinung

M)   Mathematische Fähigkeiten: Kopfrechnen

84.   96
85.   1331
86.   192
87.   4
88.   73
89.   330
90.   438
91.   105
92.   7404
93.   227

N)   Mathematische Fähigkeiten: Rechenzeichen einsetzen

94.   /
95.   -
96.   *   +
97.   *   -

98.	+	+	-	
99.	*	+	-	*
100.	+	*	/	-
101.	*	+	/	+
102.	*	*	*	*

O)   Beobachtungsgabe: Welches Zeichen ist anders in einer Reihe?

103. K
104. N
105. F
106. N
107. Ü
108. T
109. Q
110. B
111. L

P)   Merkfähigkeit: Wörter einprägen, falsche Wörter identifizieren

112 a) 3. Zeile
112 b) Tülay
112 c) 4. Zeile
112 d) rot

113 a) Narzisse
113 b) Bleistift
113 c) Hamster
113 d) Mathematik, Sport
113 e) Auto
113 f) 7. Zeile

114 a) 256
114 b) 97
114 c) 333, 777
114 d) 784
114 e) 43
114 f) 224, 227, 256
114 g) 400
114 h) 67

Q) Merkfähigkeit: Begriffe merken

115 a) 6. Zeile
115 b) Maler
115 c) 3. Zeile
115 d) Kakao
115 e) Blumenkohl
115 f) Nougat
115 g) hilfsbereit
115 h) Tee
115 i) Donau
115 j) Halma

R) Merkfähigkeit: Adressen merken

116 a) Tülay Önöz
116 b) 52 Jahre
116 c) Physiotherapeutin
116 d) Hansenstr. 25
116 e) Melanie Schulz
116 f) Sonnenweg 1, 70500 Stuttgart
116 g) Sandra Siebert
116 h) Uwe Niemayer
116 i) Angela Spohn
116 j) Tischler

S)   Merkfähigkeit: Texte einprägen, anschließend Fragen beantworten

117 a) Humboldt-Gymnasiums
117 b) 24 Mannschaften
117 c) Hannah Menzel
117 d) 7 Siege
117 e) Oberbilk
117 f) 850 ZuschauerInnen
117 g) 1500 €
117 h) Firma Schlaumeier
117 i) 1750 ELO
117 j) STOCKFISH
117 k) WDR
117 l) 112 Schachzüge

T)   Interpretation von Statistiken

118 a) Schüler C
118 b) Schüler B + Schüler D
118 c) C
118 d) 3. Wettbewerb

119 a) 2017
119 b) C
119 c) C, F
119 d) G

U)   Oberbegriffe finden

120.   Politiker   :   Markus Söder
       Hauptstadt   :   Kopenhagen
       Fluss   :   Elbe
       Moderator   :   Jörg Pilawa

Kulinarische Spezialität	: Lübecker Marzipan
Alkoholisches Getränk	: Bier
Astrophysiker	: Frank Tipler
Sängerin	: Michelle
Komponist	: Händel
Stadt in Holland	: Rotterdam
Gebirge	: Himalaya
Gasplanet	: Venus
Begriff aus dem Schachsport	: Remis
Autorin	: Selma Lagerlöf
Backware	: Brötchen
Landeshauptstadt	: Kiel

121.

Naturforscher	: Alexander von Humboldt
Theologe	: Wolfgang Huber
Fußballer	: Manuel Neuer
Schachweltmeister	: Magnus Carlsen
Edelstein	: Lapislazuli
Naturkatastrophe	: Erdbeben
Rechenart	: Addition
Lexikon	: Meyers Lexikon
Wintersportort	: Oberstdorf
Politikerin	: Katja Kipping
Elektronisches Bauteil	: Kondensator
Berühmter Gitarrist	: Peter Horton
Stadt in Süddeutschland	: München
Baumart	: Buche
Destruktives Gefühl	: Neid
Weinsorte	: Riesling
Berühmter Maler	: Pablo Picasso
Tageszeitung	: FAZ
Rechenhilfsmittel	: Abakus
Ort an der Mosel	: Traben-Trarbach
Schrifttyp	: Arial

V) Passende Begriffe finden

122. Willy Brandt – Helmut Schmidt – Helmut Kohl – Sahra Wagenknecht – Robert Habeck – Angela Merkel – Annalena Baerbock – Manuela Dreyer – Lars Klingbeil – Dietmar Bartsch – Katja Kipping – Peter Tschentscher – Marina Weisband – Guido Westerwelle

123. 1 – 27 – 125 – 216 – 512 – 729 – 1000 – 1331 – 1728 – 2744

W) Schnell Wörter finden

124. Hier ist die jeweilige Lösung selbsterklärend.

X) Sinnlose Silben

125. dfg – ukk - tzt – ppl – nmn – qqk – rnz – hjk – xxc - njj

Y) Merkfähigkeit

126.
a) Mathematik
b) Venus
c) Iris
d) Physik
e) Programmiererin
f) Kaffeemaschine
g) Tülay
h) Jupiter
i) Goldschmied
j) Sandra

Z)   Sudoku

127.

1	9	2	6	8	7	4	3	5
5	7	8	1	3	4	2	6	9
4	3	6	9	2	5	1	7	8
8	1	9	7	4	3	5	2	6
7	2	4	5	6	9	8	1	3
6	5	3	2	1	8	9	4	7
2	8	1	3	9	6	7	5	4
9	6	7	4	5	1	3	8	2
3	4	5	8	7	2	6	9	1

Punkteverteilung

1	:	1	51	:	2	86 a	:	1
2	:	1	52	:	2	86 b	:	1
3	:	1	53	:	2	86 c	:	1
4	:	1	54	:	2	86 d	:	1
5	:	1	55	:	3	86 e	:	1
6	:	1	56	:	3	86 f	:	1
7	:	1	57	:	3	86 g	:	1
8	:	1	58	:	3	86 h	:	1
9	:	1	59	:	2	86 i	:	1
10	:	1	60	:	2	86 j	:	1
11	:	1	61	:	2	87 a	:	1
12	:	1	62	:	2	87 b	:	1
13	:	1	63	:	2	87 c	:	1
14	:	1	64	:	2	87 d	:	1
15	:	1	65	:	2	87 e	:	1
16	:	1	66	:	2	87 f	:	1
17	:	1	67	:	2	87 g	:	1
18	:	1	68	:	2	87 h	:	1
19	:	1	69	:	2	87 i	:	1
20	:	1	70	:	2	87 j	:	1
21	:	1	71	:	2	88 a	:	1
22	:	1	72	:	2	88 b	:	1
23	:	1	73	:	2	87 c	:	1
24	:	1	74	:	1	87 d	:	1
25	:	1	75	:	1	87 e	:	1
26	:	1	76	:	1	87 f	:	1
27	:	2	77	:	1	87 g	:	1
28	:	2	78	:	1	87 h	:	1
29	:	2	79	:	1	87 i	:	1
30	:	2	80	:	1	87 j	:	1
31	:	2	81	:	1	87 k	:	1
32	:	2	82	:	1	87 l	:	1

33	:	2	83	:	1	101	:	3
34	:	2	84	:	1	102	:	3
35	:	2	85	:	1	103	:	1
36	:	2	86	:	1	104	:	1
37	:	2	87	:	2	105	:	1
38	:	2	88	:	2	106	:	1
39	:	2	89	:	2	107	:	1
40	:	2	90	:	3	108	:	1
41	:	2	91	:	3	109	:	1
42	:	2	92	:	3	110	:	1
43	:	2	93	:	3	111	:	1
44	:	3	94	:	3	112 a	:	2
45	:	3	95	:	3	112 b	:	2
46	:	3	96	:	3	112 c	:	2
47	:	3	97	:	3	112 d	:	2
48	:	3	98	:	3	113 a	:	2
49	:	3	99	:	3	113 b	:	2
50	:	3	100	:	3	113 c	:	2

113 d	:	2	115 e	:	2	116 j	:	2
113 e	:	2	115 f	:	2	117 a	:	2
113 f	:	2	115 g	:	2	117 b	:	2
114 a	:	2	115 h	:	2	117 c	:	2
114 b	:	2	115 i	:	2	117 d	:	2
114 c	:	2	115 j	:	2	117 e	:	2
114 d	:	2	116 a	:	2	117 f	:	2
114 e	:	2	116 b	:	2	117 g	:	2
114 f	:	2	116 c	:	2	117 h	:	2
114 g	:	2	116 d	:	2	117 i	:	2
114 h	:	2	116 e	:	2	117 j	:	2
115 a	:	2	116 f	:	2	117 k	:	2
115 b	:	2	116 g	:	2	117 l	:	2
115 c	:	2	116 h	:	2	118 a	:	2
115 d	:	2	116 i	:	2	118 b	:	2

118 c	:	2
118 d	:	2
119 a	:	2
119 b	:	2
119 c	:	2
119 d	:	2

120	:	Je richtige Zuordnung 1 Punkt (insgesamt 16 Punkte)
121	:	Je richtige Zuordnung 1 Punkt (insgesamt 21 Punkte)
122	:	Für jede(n) richtig erkannte(n) PolitikerIn gibt es 1 Punkt. Insgesamt also 14 Punkte. Für jeden falschen Namen wird 1 Punkt abgezogen.
123	:	Für jede korrekte Kubikzahl gibt es 1 Punkt. Insgesamt demnach 10 Punkte. Für jede falsche Kubikzahl wird 1 Punkt abgezogen.

124 a	:	0 – 3 Wörter	:	1 Punkt
		4 – 6 Wörter	:	2 Punkte
		7 – 9 Wörter	:	3 Punkte
		>= 10 Wörter	:	4 Punkte
124 b	:	0 – 3 Wörter	:	1 Punkt
		4 – 6 Wörter	:	2 Punkte
		7 – 9 Wörter	:	3 Punkte
		>= 10 Wörter	:	4 Punkte
124 c	:	0 – 3 Wörter	:	1 Punkt
		4 – 6 Wörter	:	2 Punkte
		7 – 9 Wörter	:	3 Punkte
		>= 10 Wörter	:	4 Punkte

125	:	Je richtig markierte Silbe 2 Punkte (Insgesamt 20 Punkte). Für jede falsch markierte Silbe werden 2 Punkte abgezogen.
126 a-j	:	Je 2 Punkte. (Insgesamt 20 Punkte)
127	:	Für das Sudoku gibt es – allerdings nur bei vollständig korrekter Lösung 40 Punkte.

Auswertung

Wie schon zuvor erwähnt, handelt es sich bei dem hier vorliegenden IQ-Test <u>nicht</u> um einen solchen, der unter wissenschaftlichen Aspekten erstellt wurde, sondern vielmehr um einen solchen, der dir die Gelegenheit geben sollte, möglichst typische Testaufgaben aus klassischen Bereichen (Logik, Sprache, Gedächtnis usw.) trainieren zu können.

Aus diesem Grund wird hier auch bewusst darauf verzichtet, konkrete IQ-Werte zu nennen. Voraussetzung dafür wäre eine wissenschaftlich gesicherte sowie statistisch-signifikante Kontrollgruppe, die hier jedoch <u>nicht</u> Gegenstand dieses IQ-Tests gewesen ist.

Von daher werden hier absichtlich nur grobe Orientierungsmarken genannt, so dass du dich mit anderen Kindern, die diesen IQ-Test unter vergleichbaren Bedingungen durchführen, vergleichen kannst.

Unabhängig davon, wie dein konkretes Testergebnis hier ausgefallen ist, solltest du bitte niemals vergessen, dass der hier ermittelte Testwert nichts über deine Qualitäten als Mensch aussagt. Neben verschiedenen intellektuellen Fähigkeiten, die sich mit klassischen Tests messen lassen, gibt es viele höchst wichtige und wertvolle Werte, die einen Menschen auszeichnen. Bitte vergiss das nicht, falls dein Testergebnis hier nicht so gut ausgefallen sein sollte, wie du es dir vielleicht erhofft hast.

491 – 499	:	Herausragendes Ergebnis
475 – 490	:	Sehr gutes Ergebnis
440 – 474	:	Ergebnis im oberen Mittelfeld
350 – 439	:	Durchschnittliches Ergebnis
300 – 349	:	Leicht unterdurchschnittliches Ergebnis
220 – 299	:	Ausbaufähiges Ergebnis
170 – 219	:	Relativ schwaches Ergebnis
100 – 169	:	Sehr schwaches Ergebnis
0 – 99	:	Extrem schwaches Ergebnis

Abschließende Empfehlung:

Bitte bedenke, dass sich derartige IQ-Testaufgaben innerhalb eines gewissen Leistungsrahmens trainieren lassen. Je häufiger du Testaufgaben solcher Art übst, desto besser werden perspektivisch deine Testergebnisse ausfallen.

Von daher solltest du dein hier ermitteltes Testergebnis bitte nur als eine Momentaufnahme betrachten, die nicht für alle Zeiten „in Stein gemeißelt ist".

Ich wünsche dir viel Freude sowie viel Erfolg bei deinem persönlichen IQ-Test!

Düsseldorf, im Herbst 2020

Kontakt zum Autor:

Psychologische Beratung & Lerncoaching, Aribert Böhme
Psychologischer Berater (SGD-Dipl.) & Lerncoaching
DV-Kfm. & EDV-Dozent & Autor
Mitglied im Who-is-Who Deutschland & Europa
E-Mail: Psychologische_Beratung_Boehme@gmx.de
Internet: www.aribertboehme.de

Notizen

Notizen

Buchempfehlungen:

Denkanstöße 2018
52 Denkimpulse für 52 Wochen Deines Lebens
Aribert Böhme
ISBN-13: 9783746027579
Erhältlich als Buch und als eBook.

Gedichte & Interpretationen in Symbiose
Denkimpulse für wachsame Geister
Aribert Böhme & Raimundo Germandi
ISBN-13: 9783752832143
Erhältlich als Buch und als eBook.

Begleitende Videoliste zum Buch:
http://www.aribertboehme.de/Videoliste_2018.pdf

Siehe bitte auch folgende Internetseite:
Raimundo Germandi (Dichter & Denker)
http://raimundo-germandi.de/

Lernpsychologie kompakt
Basiswissen für interessierte Laien
Aribert Böhme
ISBN-13: 9783743196117
Erhältlich als Buch und als eBook.

Kontakt zum Autor:

Psychologische Beratung, Aribert Böhme

Psychologischer Berater (SGD-Dipl.) & Lerncoach

DV-Kfm. & EDV-Dozent & Autor

Mitglied im Who-is-Who Deutschland & Europa

E-Mail: Psychologische_Beratung_Boehme@gmx.de

Internet: www.aribertboehme.de